FELICIDADE

AQUI E AGORA

FELICIDADE
AQUI E AGORA

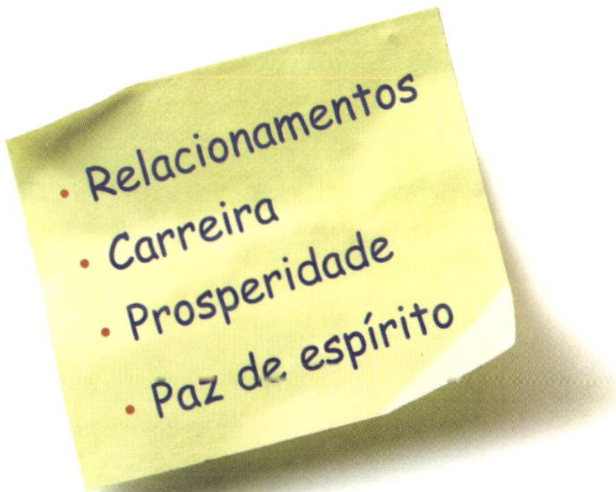

escrito e ilustrado por

ANDREW MATTHEWS

SEXTANTE

Título original: *Happiness Now*

Layout e design
Twocan e Seashell Publishers

Tradução
Márcia Oliveira

Preparo de originais
Débora Chaves

Revisão
Shahira Mahmud e Sérgio Bellinello Soares

Diagramação
Marcia Raed

Pré-impressão
ô de casa

Impressão e acabamento
Cromosete Gráfica e Editora Ltda.

CIP-BRASIL. CATALOGAÇÃO-NA-FONTE
SINDICATO NACIONAL DOS EDITORES DE LIVROS, RJ

M388f

Matthews, Andrew
Felicidade aqui e agora / de Andrew Matthews [tradução de Márcia Oliveira]. – Rio de Janeiro: Sextante, 2007.
Tradução de: Happiness now!
ISBN 978-85-7542-326-4

1. Felicidade. 2. Conduta. 3. Relações humanas. I. Título.

CDD: 158
07-2642 CDU: 159.942

Editora Sextante / GMT Editores Ltda.
Rua Voluntários da Pátria, 45 – Gr. 1.404 – Botafogo
22270-000 – Rio de Janeiro – RJ
Tel.: (21) 2286-9944 – Fax: (21) 2286-9244
E-mail: atendimento@esextante.com.br
www.sextante.com.br

Para Julie

À minha querida esposa e editora – mais uma vez, obrigado!
Obrigado pela competência em administrar nossa editora.
Obrigado pela dedicação e pelos longos dias e noites
que você passou ao telefone falando com o outro lado do
mundo fazendo as coisas acontecerem. Com sua energia,
paixão e coragem, você faz o que ninguém mais poderia fazer.
Obrigado por sua sabedoria e orientação.
Obrigado por abrir mão de uma carreira brilhante
para ajudar no sucesso deste livro.

O RESTANTE DA SUA VIDA...
COMUM
INESQUECÍVEL
MATTHEWS

Sumário

1. Sua filosofia

Não é estranho? Todos nós queremos ser felizes,
mas onde aprendemos isso?

Nós nascemos. Vamos para a escola.

Estudamos matemática. Aprendemos sobre hemoglobina e o Himalaia. Mas nunca estudamos a felicidade.

Eu costumava me perguntar: "Por que algumas pessoas estão sempre felizes?"

"As pessoas felizes são mais inteligentes do que o restante de nós? Ou são muito tolas para perceberem que deveriam ficar tristes?"

Falaremos mais sobre isso adiante.

Quando eu era criança, costumava sonhar com o futuro.

Quando finalmente o futuro chegava, eu quase sempre ficava decepcionado.

Descobri que A VIDA É MAIS DIFÍCIL DO QUE PARECE.

Eu queria saber:

"Por que as outras pessoas levam vidas fascinantes?"
"Por que as outras pessoas são mais felizes do que eu?"

Li vários livros. Assisti a palestras e seminários.

Experimentei andar sobre o fogo.

Li a respeito dos grandes filósofos. Achava que eles poderiam me ensinar sobre a felicidade.

Descobri que na Antiguidade um grupo de filósofos gregos chamado Céticos dizia que "só é possível ter a verdadeira paz de espírito quando não se acredita em nada". Mas como alguém pode acreditar nisso?

Li sobre Sócrates e sobre um cara chamado Górgias. Górgias disse:
a) Nada existe de verdade.
b) Se algo existisse, você não saberia.
c) Portanto, você não existe.
Mas para que serve essa informação?

Imagine você sendo parado por um guarda de trânsito, que diz:
"Me dê um motivo para que eu não o multe por excesso de velocidade."
E você responde: "Você não existe."

Percebi duas coisas sobre os filósofos:
a) A maioria deles não era muito feliz.
b) Muitos eram matemáticos.

"Filosofia do dia-a-dia"

Vou dizer no que passei a acreditar.

Existem dois tipos de filosofia: a acadêmica e a cotidiana, do tipo pessoal.

É a filosofia pessoal do dia-a-dia que realmente conta.

É ela que revela suas crenças sobre as coisas do cotidiano: trabalho, dinheiro, preocupações, fracassos, amizade, família e futuro.

A filosofia do cotidiano é a maneira como explicamos os altos e baixos da vida.

É a base sobre a qual construímos nossa vida.

É como quando as pessoas dizem: "Tudo acontece por um motivo", "As adversidades são oportunidades" ou "Nenhum homem presta".

Isso é pessoal.

Nossa filosofia pessoal é a lente através da qual enxergamos cada problema e cada oportunidade.

Muitas vezes ela é a razão que encontramos para persistir ou desistir.

As pessoas que vivem felizes não são necessariamente as mais inteligentes nem as mais ricas ou talentosas. Mas têm uma filosofia pessoal que funciona bem para elas.

Pessoas felizes parecem ter em comum certas filosofias de vida.

Este livro é um resumo das estratégias das pessoas felizes e eficientes.

Algumas das idéias contidas aqui vão parecer familiares. Nem sempre precisamos de informações novas; muitas vezes necessitamos apenas ser lembrados do que já sabemos.

E uma ilustração pode nos ajudar a lembrar da mensagem.

Se você sofreu um trauma ou passou por uma tragédia pessoal, talvez este livro não seja suficiente, mas ele pode ajudá-lo com os desafios do dia-a-dia.

"Só mais uma cirurgia – ainda não combatemos o problema."

2. Um dia de cada vez

©ANDREW MATTHEWS

Quando as coisas ficam difíceis

Como você sobrevive quando as coisas ficam difíceis?

Como você se mantém firme quando está aflito, solitário ou sem dinheiro?

Você tem de lidar com seus problemas da mesma maneira que escalaria uma montanha.

Se for escalar uma rocha e se deparar com um obstáculo, você imediatamente volta sua atenção para o momento presente.

Você se esquece do futuro. Todos os seus esforços são dirigidos para o seu próximo passo. E depois para o seguinte. Um de cada vez.

Até você conseguir encontrar um jeito de ultrapassar o obstáculo.

A mesma estratégia funciona para o dia-a-dia.

Quando a situação parece desesperadora, você se mantém focado no momento presente.

Você lida com um problema de cada vez. Dá um passo. Ganha um pouco de confiança... e dá mais um passo, depois outro.

E, então, você se dá conta de que o pior já passou.

Se você se preocupar com tudo o que terá de fazer no próximo mês, ou com tudo o que pode dar errado no próximo ano, vai acabar enlouquecendo.

Mas você é capaz de lidar com um dia de cada vez.

E, sempre que 24 horas representarem uma dificuldade muito grande, enfrente cinco minutos de cada vez.

EM POUCAS PALAVRAS

Tudo o que você pode fazer é dar o melhor de si mesmo até a hora de ir dormir. Deixe que o amanhã se encarregue dele mesmo.

EU SOU NORMAL?
© ANDREW MATTHEWS

Mitos sobre a felicidade

Na década de 1990, o pesquisador Ronald Inglehart divulgou os resultados de uma abrangente "pesquisa sobre a felicidade" realizada com 170 mil pessoas em 16 países.

Os participantes responderam a perguntas tais como "Você é feliz?" e "Está satisfeito com sua vida?".

Inglehart queria verificar se a idade influencia a felicidade. Ele analisou as informações de cada faixa etária, formando grupos de 15 a 24 anos, de 25 a 34 anos, de 35 a 44 anos, e assim por diante.

E quem você acha que eram os mais infelizes? Os adolescentes? As pessoas de meia-idade? E os mais felizes?

Os resultados de cada grupo foram praticamente iguais:

15-24 anos	81% satisfeitos com a vida
25-34 anos	80% satisfeitos com a vida
35-44 anos	80% satisfeitos com a vida
45-54 anos	79% satisfeitos com a vida
55-64 anos	79% satisfeitos com a vida
65 anos em diante	81% satisfeitos com a vida

Em outra pesquisa, os psicólogos William Stock e Morris Okun, da Universidade Estadual do Arizona, chegaram exatamente à mesma conclusão. Eles tiveram acesso aos resultados de mais de 100 estudos de psicólogos e a conclusão final foi: o impacto da idade sobre a felicidade não passa de 1%.

Apesar de todos os mitos e de toda a discussão sobre "adolescentes problemáticos" e "crise da meia-idade", a idade não tem praticamente nenhuma influência sobre a sua felicidade.

EM POUCAS PALAVRAS

A felicidade não é uma questão de idade, mas de atitude.

Fontes:

Culture Shift in an Advanced Industrial Society (Mudança cultural em uma sociedade industrial avançada). Pesquisa envolvendo 170 mil pessoas, feita por Robert Inglehart (Princeton: Princeton University Press, 1990).

The Pursuit of Happiness (A busca da felicidade), por David G. Myers. Harper Collins Publishers, 1992.

E SE...?
© ANDREW MATTHEWS

Livre-se do hábito de se preocupar

Quase todo mundo se preocupa.
Nós nos preocupamos com o emprego, com os filhos e com o que os vizinhos pensam.

Algumas pessoas chegam a dizer: "Você DEVIA se preocupar."

Mas preocupar-se é ABSOLUTAMENTE INÚTIL.
Em primeiro lugar, atrai má sorte.
Em segundo, faz mal à saúde.

Então, o que fazer com as preocupações? Trate de adiá-las.
PRIMEIRO aja e protele os aborrecimentos indefinidamente.
É isso que as pessoas eficientes fazem.

Quando quiser se preocupar, pergunte a si mesmo:
"Qual é o problema neste exato momento?"

Adivinhe o que encontrará? A não ser que esteja correndo risco de morrer, você não tem um problema.

Obviamente, acidentes acontecem. Doenças acontecem.
Crises financeiras acontecem. Mas isso não é motivo para viver como um coelho assustado.

Quando as crises surgirem, lide com elas UMA DE CADA VEZ.
Sua mente o faz entrar em desespero quando começa a divagar sobre o que pode vir a acontecer.
E a sua mente *vai* querer arrastá-lo em direção ao futuro.

Mantenha-se no presente.
Faça hoje o que for possível e deixe de lado as preocupações.

Olhe para a sua vida. Já houve alguma situação à qual você não tenha sobrevivido? Não.

Você é capaz de lidar com o presente.
É o futuro que lhe cria problemas.

EM POUCAS PALAVRAS

No que diz respeito às preocupações, trate de adiá-las.

Quando alguém perguntar "Você não está preocupado com isso?", responda: "Pensei em me preocupar, mas ainda não tive tempo para isso."

ANDREW MATTHEWS

Caráter

Você já se olhou no espelho e desejou
ter um rosto, um corpo ou um nariz diferentes?

Já refletiu sobre a sua vida e pensou:
"Por que as outras pessoas são tão talentosas e brilhantes?
Como posso me sentir bem comigo mesmo?"

Quase todos nós temos esse tipo de pensamento.

Mas essa é a questão.

Talento e beleza são muito úteis, mas há um monte de gente talentosa e bonita à nossa volta que não admiramos.

Alguns deles, na verdade, são uns chatos.

Muitos dos personagens históricos que respeitamos, como Abraham Lincoln, Madre Teresa e Mahatma Gandhi, não eram nem bonitos nem especialmente talentosos.

As qualidades que valorizamos acima de tudo são HONESTIDADE, CORAGEM, PERSISTÊNCIA, GENEROSIDADE e HUMILDADE.

Dê uma olhada nessa lista e você vai constatar algo interessante.
Não NASCEMOS com essas qualidades.
Nós as DESENVOLVEMOS.
Qualquer um pode obtê-las.
Se você realmente as deseja, pode consegui-las.

Se você deseja ter amor-próprio e o respeito dos outros, não precisa ser um gênio nem uma top model.

Basta se dedicar ao desenvolvimento de sua própria honestidade, determinação, generosidade, humildade e coragem.

É a isso que chamamos "caráter".

EM POUCAS PALAVRAS

O modo como você se sente em relação a si mesmo está em suas mãos.

POR QUÊ?
POR QUE NÃO?
ANDREW MATTHEWS

"Por quê?"

Meu amigo John Foppe nasceu sem os braços.
Mas John nunca questiona:
"Por que não tenho braços?"
A pergunta que ele faz é: "O QUE posso fazer com meus pés?"

Depois de ver John comer com *hashis,* os famosos pauzinhos,
eu diria: "Praticamente tudo."

Quando somos atingidos por um acontecimento trágico, quando perdemos tudo ou somos rejeitados por quem amamos, geralmente perguntamos: "POR QUÊ?"
"POR QUE eu?"
"POR QUE agora?"
"POR QUE ela me trocou por alguém tão sem graça?"

Todos esses PORQUÊS podem nos deixar malucos.
Normalmente, não existe uma explicação.
Ou não importa o porquê.

Pessoas eficientes perguntam: "O QUÊ?"
"O QUE vou fazer em relação a isso?"
"O QUE posso aprender com isso?"

Quando a situação é de fato desesperadora, insistem:
"O QUE posso fazer nas próximas 24 horas para melhorar a situação?"

EM POUCAS PALAVRAS

As pessoas mais felizes não ficam se preocupando se a vida é justa ou não.

Elas simplesmente fazem o melhor diante das circunstâncias.

Será que a vida é "justa"? Provavelmente não.
Mas não interessa o porquê.

...não é uma tragédia, é um aprendizado...
...não é uma tragédia, é um aprendizado...
© ANDREW MATTHEWS

Ginástica mental

Você vai reparar uma coisa em relação às pessoas felizes: elas superaram sérios reveses.

Pessoas felizes às vezes vão à falência, ficam doentes, são demitidas ou são abandonadas pelos maridos ou namorados. Assim como todo mundo, pessoas felizes têm problemas. Mas elas possuem a força mental para voltarem sua atenção para as soluções.

Elas praticam uma "ginástica mental".

Fazer ginástica mental é como praticar exercícios físicos. Você fortalece os MÚSCULOS com exercícios. Você sobe ladeiras correndo. E gradualmente vai ficando mais forte.

O mesmo acontece com os seus pensamentos. Você fortalece a MENTE enfrentando os problemas.

O ESFORÇO gera FORÇA.

Você não fica mais forte se escondendo embaixo da cama. Você enfrenta a vida com a cabeça erguida. Você precisa correr riscos. Você cai e se levanta.

Dia a dia você ganha confiança. Aos poucos desenvolve uma atitude positiva.

Quando a vida se tornar difícil, lembre-se: "Isso está deixando minha mente em forma. Estou mesmo mais feliz!"

EM POUCAS PALAVRAS

Não é necessariamente uma vida fácil que nos torna felizes.

Geralmente é o oposto.

O riso

Você já bateu a cabeça ou mordeu a língua enquanto se divertia com os amigos? O que percebeu?

Quando estamos RINDO, é difícil sentir DOR.

Coisas maravilhosas acontecem quando nos divertimos:

- A capacidade do pulmão se expande, melhorando a respiração e o consumo de oxigênio.
- O sistema imunológico é ativado. O corpo libera mais células T (as células protetoras que combatem vírus e células cancerígenas) para que possamos combater melhor as infecções.
- As endorfinas (analgésicos naturais do corpo) são lançadas no cérebro, reduzindo o estresse.

O riso não reduz só a dor física: ele diminui a dor mental.

Quando nos divertimos, ficamos mais esperançosos e otimistas.

Quando sorrimos, dizemos a nós mesmos e ao mundo:
"RECUSO-ME A SOFRER."

O riso nos ajuda a superar as mágoas e as decepções.

Quase todas as situações têm um lado engraçado. É só procurar por ele.

O que mais pode ajudar? Parar de tentar ser perfeito.

Quando paramos de buscar a perfeição, podemos rir de nós mesmos. E então rimos com muito mais freqüência.

EM POUCAS PALAVRAS

A vida não é tão séria assim. Devemos levar o humor mais a sério.

BA 375 TÓQUIO ATRASADO
©ANDREW MATTHEWS

Quando as coisas estão fora do seu controle

Aqui está a receita para a infelicidade permanente:

a) Decida como você acha que o mundo DEVERIA ser.
b) Estabeleça as regras de comportamento que todos DEVERIAM seguir.

E, então, quando o mundo desobedecer às suas regras, fique furioso.
É isso que as pessoas infelizes fazem.

Digamos que você tem as seguintes expectativas:
Os amigos DEVERIAM retribuir os favores.
As pessoas DEVERIAM gostar de você.
Os aviões DEVERIAM ser pontuais.
Todo mundo DEVERIA ser sincero.
Seu marido DEVERIA lembrar a data do seu aniversário.

Essas expectativas podem parecer razoáveis. Porém, é comum que essas coisas não aconteçam. E você acaba ficando frustrado e decepcionado.

Existe uma estratégia melhor. Não seja tão exigente.
Em vez disso, tenha preferências.

Em relação às coisas que estão fora do seu controle, diga a si mesmo:
"EU PREFERIRIA 'A', MAS TUDO BEM SE ACONTECER 'B'."

É um jogo mental.
Se você fizer desse jogo um hábito, terá mais paz de espírito.

Você prefere que as pessoas sejam educadas.
Mas, quando elas são grosseiras, isso não estraga o seu dia.
Você prefere que faça sol, mas tudo bem se chover.
Em outras palavras, seja flexível.

Para se tornar mais feliz, você precisa mudar o mundo ou mudar sua maneira de pensar.
É mais fácil mudar a maneira de pensar.

EM POUCAS PALAVRAS

Não é o que acontece com você que determina o seu grau de felicidade.

É o que você pensa a respeito do que lhe acontece.

FÚRIA NO TRÂNSITO
FÚRIA NO AEROPORTO
FÚRIA NO RESTAURANTE
FÚRIA DE TORCEDOR
FÚRIA AO TELEFONE
FÚRIA NO LAR

Fúria!

Ultimamente parece que virou moda se enfurecer. Temos reações de fúria no trânsito, nos restaurantes, no supermercado, ao telefone, no hospital... É um verdadeiro horror! Eis o que é interessante sobre a raiva... Geralmente não é o que acontece conosco que nos deixa zangados. É esperar uma coisa e acontecer outra.

EXEMPLO:
Você está dirigindo e decide mudar de pista.
Você ESPERA que o motorista do carro que está na outra pista ceda espaço, mas ele não cede.
Você ESPERA que ele tenha consideração, mas ele não tem.
Isso enfurece você.

O problema não é o motorista do outro carro, é o que você espera em relação ao comportamento dele. Criar expectativas nos traz decepção e raiva. Portanto, quanto menos expectativas você tiver em relação ao mundo, e até sobre o tempo, melhor sua vida ficará. Mais três dicas para manter a calma:

1. HUMILDADE AJUDA. Pessoas zangadas tendem a acreditar que são mais importantes que as outras pessoas e que têm sempre razão. Quando elas não conseguem o que querem, ficam enfurecidas. É preciso relaxar um pouco. Deixe os outros conseguirem o que eles querem de vez em quando.
2. DECIDA O QUE É REALMENTE IMPORTANTE EM SUA VIDA. Digamos que, em uma escala de 1 a 10, você pode dar nota 9 para o item "ter comida suficiente", 7 para "ter um emprego", 2 para "pessoas que dirigem muito mal" e 0 para "elevadores lentos". Quando você coloca as coisas em perspectiva, não se aborrece com os detalhes.
3. ACEITE AS COISAS COMO ELAS SÃO. Pessoas zangadas adoram brigar com a realidade. Dizem frases do tipo "Não deveria estar chovendo" ou "Os assaltantes não deveriam roubar". Isso é um desperdício de energia. Quando você se recusa a aceitar a realidade, ela sai vitoriosa.

EM POUCAS PALAVRAS

Existem 6,5 bilhões de outras pessoas no planeta Terra. Para que elas consigam o que querem de vez em quando, é necessário que você nem sempre leve a melhor. Isso não é motivo para você gritar com as pessoas nem bater nelas.

© ANDREW MATTHEWS

"Para onde estou indo?"

Você já perguntou a si mesmo: "O que estou fazendo neste emprego idiota?" Alguma vez sentiu que estava estagnado?

Se você está infeliz e frustrado com o trabalho, seja você um operário de linha de montagem ou um neurocirurgião, a melhor estratégia é FAZER O SEU MELHOR.

Por quê?
- Porque você vai se sentir melhor em relação a si mesmo.
- Porque você vai aperfeiçoar suas habilidades.
- Porque você vai criar uma boa reputação.
- Porque, em algum momento, alguém vai reparar em você e lhe oferecer uma posição melhor.
- Porque um dia você vai se sentir seguro a ponto de abrir seu próprio negócio.

Evite frases como "Se eu tivesse um ótimo emprego, eu daria duro, mas tenho um trabalho péssimo, então durmo o dia inteiro." Não faça isso.

Quando nos esforçamos ao máximo e de forma contínua, novas oportunidades surgem naturalmente. Pode demorar um pouco, mas acontece.

Oportunidades, ofertas de emprego e aventuras sentimentais geralmente surgem quando menos esperamos.

Grandes oportunidades e relacionamentos que mudam nossa vida costumam aparecer nas situações mais improváveis.

É a maneira que a vida tem de nos lembrar que devemos respeitar todos aqueles que encontramos.

É também a forma de a vida nos lembrar que é preciso manter a mente aberta.

Pessoas bem-sucedidas dizem a si mesmas: "Se eu aproveitar ao máximo esta oportunidade, surgirá outra ainda melhor."

EM POUCAS PALAVRAS

A vida recompensa o esforço, não as desculpas.

ANDREW MATTHEWS

Paciência

Um mulher se aproximou do grande violinista Fritz Kreisler após um de seus concertos.
– Sr. Kreisler, eu daria a minha vida para tocar como o senhor – disse ela.
– Eu DEI – respondeu ele sorrindo.

Se você pretende ser realmente o melhor em algo, talvez precise dedicar toda a sua vida a isso – praticar exaustivamente por 10 anos ou, pelo menos, por seis meses.

Há um século, a maioria das pessoas tinha consciência disso.

Atualmente, as pessoas querem resultados imediatos.

Seja qual for o seu objetivo, a estratégia é praticar diariamente. Só não espere ter progressos a cada dia.

Se você está:

- tentando adquirir uma boa forma física
- aprendendo um idioma
- aperfeiçoando suas tacadas no golfe
- tendo aulas de canto
- aprendendo um novo esporte, iniciando um hobby, começando uma carreira – dê tempo suficiente a si mesmo.

Faça um planejamento diário, siga-o e espere algum tempo para que os resultados comecem a aparecer.

Você poderá não ver algum progresso após um mês. Tente por seis meses, ou por um ano, e só ENTÃO avalie seu progresso.

A maior parte das pessoas desiste cedo demais.

EM POUCAS PALAVRAS

Para ser bem-sucedido, você precisa de (em ordem de importância):
1 - paciência e persistência;
2 - talento.

"Voar por tanto tempo me deixa exausto!"

Não é incrível?

Fred embarca em um avião em Bangcoc, às 23h30. A aeronave acomoda 420 passageiros e pesa o mesmo que um pequeno edifício.

Nas 14 horas seguintes, Fred viaja a mais de 800km/h.
A menos de 30cm de seu nariz a temperatura é de 55 graus negativos, e o vento tem a força de um furacão.

Enquanto isso, a tripulação lhe serve o jantar: filé da Argentina, vinho da Austrália, manteiga da Irlanda, queijo da Nova Zelândia, café da Colômbia.

Basta apertar um botão para que surjam cobertores e travesseiros.

Fred compra relógios para os filhos no *duty free* do avião sem sequer levantar do assento. Durante a sobremesa, ele assiste aos mais recentes filmes de Hollywood.

Ele tira um cochilo. No café da manhã servem-lhe croissants e frutas.

E tudo isso na classe econômica.

Às 5h, horário de Londres, em meio a um temporal de granizo com uma visibilidade de apenas 10 metros, ele desce no outro lado do mundo, dois minutos antes do horário previsto.

A mulher de Fred foi buscá-lo no aeroporto.
– Como foi o vôo? – perguntou ela.
– Nada de especial – respondeu Fred.
Nada de especial? Foi incrível. Nós não damos valor às coisas.

Vivemos em um mundo extraordinário. Somos pessoas de sorte. Podemos comer peixes que não tivemos de pescar, dirigir automóveis que não tivemos de inventar e passar em pontes que não tivemos de construir.

EM POUCAS PALAVRAS

Qualquer vôo que aterrisse em segurança é um bom vôo.

"Eles não são felizes. Eles apenas pensam *que são felizes."*

Felicidade

Não se deve esperar que a vida fique mais fácil.
É preciso fazer a escolha de ser feliz antes disso.

Lembro-me do que eu pensava quando esperava a vida se tornar mais fácil. "Quando eu tiver menos problemas, serei mais feliz."

Foi então que percebi algo fascinante. As pessoas mais felizes que eu conhecia tinham mais problemas do que eu.

Talvez você tenha notado a mesma coisa: as pessoas que parecem extrair o melhor da vida, em geral, enfrentaram muitas dificuldades. Perderam entes queridos, faliram, sofreram com doenças graves e, na maioria dos casos, continuam tendo problemas sérios.

Elas são felizes porque decidiram que ser "feliz" é a única maneira de viver.

A felicidade não acontece por acidente. É uma opção que se faz.

Recentemente, conversei com uma ouvinte em um programa de rádio. Ela se chamava Rena. "Acabo de me divorciar, estou sendo processada, minha casa pegou fogo e acabei de saber que meu câncer voltou pela terceira vez." E acrescentou: "Mesmo com tudo isso, eu sou feliz."

Se você acordar dizendo "Espero ter um bom dia; aí sim serei feliz", você nunca será feliz.

EM POUCAS PALAVRAS

Não se encontra a felicidade na ausência de problemas, e sim apesar dos problemas.

LEIS DE
MRUPHY
MATTHEWS

3. As leis da vida

Lições

Dor

Padrões

Conversa interior

Sua mente é um ímã

Para que estabelecer metas?

Desejar coisas

Comprometimento

Um histórico de sucesso

Aprecie o seu trabalho

Como ganhar mais dinheiro

A lei da semente

Por que pensar positivo?

Paz de espírito

DEPRESSA!
ESTAMOS ATRASADOS!
© ANDREW MATTHEWS

Lições

Annie é uma mulher inteligente, trabalhadora e atraente, dona de um ótimo senso de humor. Nos últimos 20 anos ela teve vários relacionamentos com alcoólatras que a espancavam e com viciados em drogas que gastavam o seu dinheiro.

Como na vida a história tende a se repetir, temos tendência a cometer os mesmos erros – uma vez após a outra, até aprendermos a lição.

SE AS PESSOAS SE APROVEITAM DE VOCÊ...
Se seus amigos esperam que você resolva os problemas deles, carregue as coisas deles, desfaça as confusões que criam, pague-lhes o almoço – continue a atendê-los e tudo isso vai continuar se repetindo.

SE VOCÊ ESTÁ SEMPRE SENDO PASSADO PARA TRÁS...
Se você permite ser enganado por oficinas mecânicas e outros prestadores de serviços, isso vai continuar acontecendo.

Até que você crie coragem ou desenvolva algumas habilidades, vai perder dinheiro.

SE VOCÊ CONTINUAR A NAMORAR CANALHAS...
Se você tolerar namorados grosseiros, preguiçosos e egoístas, por achar que é melhor estar mal acompanhada do que só, vai encontrar uma fila interminável de péssimas companhias.

A história continuará a se repetir até darmos um basta.

Você pode dizer: "Se eu estivesse em outro lugar, talvez no Havaí, ou se tivesse outros amigos, não teria esses problemas." É verdade.

Quando temos uma fraqueza, ela age como um ímã. Não importa aonde vamos, atraímos as mesmas lições. É a lei da atração.

Pessoas infelizes dizem: "Por que tudo acontece comigo?"

Pessoas eficientes afirmam: "É melhor eu aprender essa lição ou isso vai continuar se repetindo."

EM POUCAS PALAVRAS

Parta do pressuposto de que todos os problemas em sua vida são uma lição para torná-lo mais forte. Assim você nunca se sentirá como uma vítima.

Alguém irritou você?

Dor

Quando, acidentalmente, você morde a língua, fica difícil ver a "dor" como algo positivo. O mesmo se aplica a um calo no dedão do pé – quem precisa de um pé latejando?

Mas e se você não sentisse dor? Quantas vezes tiraria pedaços da sua língua ou queimaria as costas no banho?

A dor física é um maravilhoso sistema de alarme que evita danos mais sérios. Ela funciona como um aviso: "É melhor parar de fazer isso."

A dor emocional nos transmite uma mensagem semelhante: "É melhor mudar sua maneira de pensar."

É normal ficar temporariamente zangado, com inveja ou um pouco ressentido. Porém, se esses sentimentos se tornam permanentes, o recado pode ser:

"Não espere conseguir controlar as outras pessoas."
"Não espere que os outros se comportem como você."
"Não dependa de outras pessoas para ser feliz."

Enquanto pensarmos do mesmo modo, continuaremos com a mesma dor.

(E aí dizemos: "Mas eu tenho razão." Infelizmente, "estar certo" não ajuda.)

Um calo no pé é uma mensagem para você trocar de sapatos.

Em relação à dor emocional, uma espécie de calo no cérebro, o recado geralmente é para mudarmos a maneira de pensar.

EM POUCAS PALAVRAS

Seja em relação à dor física ou à dor emocional, quando mantemos o mesmo comportamento, continua doendo.

ESTOU ATRASADO?
ANDREW MATTHEWS

Padrões

Existem pessoas que estão sempre sem dinheiro. Elas ganham na loteria e, antes que percebam, já estão precisando de um empréstimo bancário para comprar um hambúrguer.

Algumas pessoas estão sempre atrasadas. Elas podem acordar às 5h para chegar ao trabalho às 9h e às 10h15 ainda estarão escovando os dentes e revirando a casa à procura das chaves do carro.

Há quem faça amigos por onde passa.
Há quem ganhe dinheiro por onde passa.
E há quem sempre fique doente nas férias.

Por quê? Porque temos "padrões" de comportamento inconscientes. A maioria das coisas é feita sem pensar, como respirar e dirigir um carro. Assim como gastamos todo o nosso dinheiro automaticamente, nos atrasamos automaticamente.

A boa notícia é que nós não somos os "nossos padrões". Podemos mudar os hábitos inconscientes por meio de visualização e ensaio mental.

Todos os atletas profissionais usam a visualização. Por quê? Porque as células cerebrais não sabem diferenciar as experiências reais das imaginárias. Quando visualizamos um comportamento perfeito, programamos as células do cérebro para um melhor desempenho.

É fácil. Basta fechar os olhos, respirar fundo algumas vezes, relaxar e imaginar situações em que você se comporta com perfeição. Pratique suas tacadas de golfe na cama. Ensaie mentalmente suas apresentações em público enquanto está no ônibus.

Imagine-se uma pessoa organizada, confiante e se comportando de modo perfeito. Após algum tempo, você perceberá a diferença.

É simples, não requer nenhum conhecimento em especial e funciona com qualquer pessoa.

EM POUCAS PALAVRAS

Ninguém precisa ficar parado no mesmo lugar. Se você estiver determinado, poderá mudar antigos padrões. Você é um ser humano, não uma árvore.

EU VOU MATAR VOCÊ!
VOCÊ VAI ME MATAR!
© ANDREW MATTHEWS

Conversa interior

Eu conhecia um sujeito chamado Peter. Ele estava sempre dizendo às pessoas: "Tudo o que ganho é para pagar as contas." Parecia um papagaio. Não é de admirar que estivesse sempre sem dinheiro.

A linguagem que você usa molda a sua vida. Se disser aos outros que está sempre sem um tostão no bolso, é assim que vai estar. Se disser que esquece as coisas, irá esquecer. Se espera se comportar como um idiota, assim será.

Imagine um boxeador entrando no ringue e dizendo a si mesmo:
"Sou um perdedor, um covarde."
Quanto tempo ele vai durar?
Imagine uma cantora pisando no palco e pensando:
"Não tenho jeito para isso. Eles vão me odiar."
Acha que ela vai cantar bem?
Essa é a receita para o desastre total.

Muitos de nós repetimos essa receita todos os dias. Dizemos a nós mesmos "Estou gorda", "Tenho uma péssima memória", "Estou sempre sem dinheiro", "Sou um idiota".

E depois ainda nos perguntamos por que falhamos.

Como se começa a pensar positivamente? O primeiro passo é ter cuidado com o que se diz. Observe o que você DIZ a respeito de si mesmo.

A partir de hoje, NUNCA DIGA NADA DE RUIM SOBRE SI MESMO. Nunca diga às pessoas: "Sou um inútil, sempre estrago tudo, minhas namoradas sempre me dão o fora."

Faça uma promessa. "A partir de hoje não vou mais me criticar. Se não tiver nada de bom a dizer a meu respeito, ficarei calado."

Às vezes é difícil controlar os pensamentos, mas nós PODEMOS controlar o que falamos. Só assim conseguiremos ter mais pensamentos positivos e ter uma vida melhor.

EM POUCAS PALAVRAS

Nós nos tornamos o que pensamos.

GLÓRIA!
EU ESTAVA JUSTAMENTE
PENSANDO EM VOCÊ!
©ANDREW MATTHEWS

Sua mente é um ímã

Com que freqüência você...
- encontra velhos amigos nos lugares mais improváveis?
- aprende uma nova palavra e de repente passa a vê-la em todos os lugares?
- começa a cantar uma música antiga e na mesma hora ela começa a tocar em uma rádio?

Quantas vezes você pensa em alguém e segundos depois essa pessoa telefona?

Coincidência? Não exatamente.
Sua mente é um ímã.

Pessoas felizes atraem outras pessoas felizes.
Quem pensa positivo atrai oportunidades.
Vigaristas atraem vigaristas.

Os pensamentos podem ser invisíveis, mas eles EXISTEM, tal como a eletricidade e a gravidade. E a energia do pensamento obedece a leis naturais.

Se as ondas de rádio e os sinais de televisão podem percorrer imensas distâncias, atravessando tijolos e concreto, por que não os pensamentos? Seu cérebro é tão ou mais impressionante do que qualquer aparelho de TV.

Já foram escritos muitos livros sobre o poder do pensamento.
De quantas "coincidências" precisamos para captar a mensagem?

Se você ficar muito aflito com a possibilidade de falir, isso vai acontecer.
Se você se preocupar muito com a possibilidade de ficar doente, isso vai acontecer.

Imagine-se cercado de amigos verdadeiros. Você os encontrará.
Visualize o sucesso e trabalhe nesse sentido.
Você está no caminho certo.

Sua vida não é uma loteria.

EM POUCAS PALAVRAS

Você atrai aquilo em que pensa.

©ANDREW MATTHEWS

Para que estabelecer metas?

Às vezes lemos no jornal que uma mulher e seus três filhos remaram por todo o Atlântico em uma banheira, ou que um contador foi de Calcutá a Casablanca montado em um camelo.

Podemos questionar: "Por que não pegar um avião?"

A resposta a essa pergunta é: "Se você for de banheira (ou montado em um camelo), ao chegar será uma pessoa muito diferente daquela que partiu."

Não só chegará ao seu destino sabendo muito mais sobre as estrelas, a chuva e a navegação como conhecerá mais a respeito de si próprio, de sua coragem e capacidade.

Comprar uma passagem de avião não tem o mesmo efeito.

Quando você fixar como objetivo administrar um negócio, correr uma maratona, obter uma promoção ou aprender a falar chinês, vai acabar se tornando uma pessoa diferente de quem era ao começar.

É essa a importância de ter "metas": o que nos tornamos no processo de alcançá-las.
É por isso que nos damos ao trabalho.

Seus vizinhos e seu cunhado podem não entender esse conceito e perguntarem: "Por que se empenhar tanto?", "Por que sonhar tão alto?".

A resposta é: "Pelo que ganhamos no processo."

EM POUCAS PALAVRAS

Não estabelecemos metas para OBTER alguma coisa, e sim para NOS TORNARMOS alguma coisa.

ANDREW MATTHEWS

Desejar coisas

Muitos usam a técnica de visualização para atingir metas. Você escolhe um objetivo e então se imagina continuamente alcançando esse objetivo até que de fato seja bem-sucedido.

Os especialistas concordam que a visualização funciona seja para perder peso, adquirir confiança ou se aperfeiçoar em algo. "O que você pensa é o que você se torna." Imaginar o sucesso com regularidade, e fazer o esforço necessário, traz resultados.

Podemos questionar: "Por que não apenas DESEJAR coisas? Não dá no mesmo?" Não.

VISUALIZAR SIGNIFICA:

- Estabelecer um objetivo: um abdômen trabalhado, um emprego interessante, um novo estilo de vida.
- Mentalizar esse objetivo como se ele já tivesse sido alcançado.
- Fixar essa imagem no subsconsciente.
- Empenhar-se para atingir a meta.
- Continuar avançando.

DESEJAR SIGNIFICA:

- Falar para si mesmo: "Detesto o que tenho."
- Querer ter mais dinheiro, mais felicidade ou ser o Brad Pitt.
- Sua mente divagar sobre o futuro.
- Não possuir uma estratégia.
- Nada acontecer.

PONTO-CHAVE: Só podemos mudar nossas vidas se investirmos energia no MOMENTO PRESENTE. Quando desejamos algo, a mente se volta para o futuro. Quanto mais desejarmos, mais ESTAGNADOS ficaremos.

EM POUCAS PALAVRAS

O que você visualiza é o que você se torna.
O que você deseja... pode ser frustrante.

LADO DA LUA
CLARO
ESCURO
©ANDREW MATHEWS

Comprometimento

Quando, em 1961, o presidente John F. Kennedy se comprometeu a levar o homem à Lua "antes do final da década", ele não fazia idéia de como isso seria feito. Nem a NASA.

Milhões de problemas técnicos tinham de ser solucionados.

Que tipo de foguete propulsor seria usado? E de motor, de trem de pouso, de traje espacial?

Os astronautas iriam direto para a Lua ou um deles ficaria na cápsula de comando na órbita lunar?

E, chegando à Lua, como se assegurar de não pousar em uma cratera?

Como voltar para casa?

E como obter R$ 4 bilhões para pagar a viagem?

Os americanos resolveram todos os problemas e, em julho de 1969, o mundo viu Neil Armstrong dar o primeiro grande passo.

O projeto Apollo foi igual a qualquer outro projeto de sucesso. O comprometimento é o elemento aglutinador que une tudo. Primeiro você se empenha de corpo e alma; depois soluciona os problemas, um de cada vez.

Se você quiser criar um negócio, precisa primeiro se comprometer e na seqüência descobrir como concretizá-lo.

O mesmo acontece com o casamento. Você assume o compromisso e então, dia após dia, vai percebendo como fazê-lo dar certo.

Você começa sem ter todas as respostas e sem qualquer garantia.

EM POUCAS PALAVRAS

Para alcançar qualquer meta que valha a pena, primeiro você tem de decidir: "Vou fazer isso, custe o que custar."

"CIRURGIA CEREBRAL: Você precisará de uma serra, uma furadeira e um pouco de arame ou fita adesiva. 1.º PASSO: Remova o topo da cabeça... veja em anexo a ilustração do coco..."

Um histórico de sucesso

Conheço um sujeito que está sempre tentando fazer negócios milionários. Mas suas grandes transações nunca se concretizam. Enquanto isso, seu carro está caindo aos pedaços e até seu cachorro está emagrecendo.

Por quê? Porque ele nunca aprendeu a fechar negócios milionários. Ele nunca desenvolveu o hábito de ter sucesso no que faz.

Você primeiro aprende a pescar peixes pequenos, depois os peixes grandes. No início da carreira, cirurgiões operam amígdalas. Só depois eles fazem cirurgias em cérebros.

Muitos magnatas começaram lavando carros ou vendendo jornais aos 10 anos.

Ingvar Kamprad, fundador da Ikea, ainda era criança quando começou a vender fósforos para os vizinhos montado em sua bicicleta. Evoluiu para peixes, enfeites de árvores de Natal e lápis antes de criar seu império na área de mobiliário. Hoje é um dos homens mais ricos do mundo.

Aos 12 anos, Steven Spielberg fazia filmes amadores dos acampamentos com sua família. Mas, para financiar os gastos, ele promovia sessões e cobrava ingresso dos amigos, enquanto sua irmã Annie vendia pipoca.

Você cria um padrão de sucesso, aperfeiçoa suas habilidades e depois almeja vôos mais altos. O que há de tão importante em um registro desse tipo?

É o que faz você ACREDITAR EM SI MESMO.

Quando você sente, em seu íntimo, que "está preparado", que "é capaz" e que "merece", já está a caminho do sucesso.

Quando você não acredita em si mesmo, não chega a lugar nenhum.

Uma outra coisa. Os padrões das outras pessoas revelam mais sobre o futuro do que todas as suas promessas e melhores intenções.

Se alguém quiser trabalhar para você, pedir dinheiro emprestado, ser seu sócio ou operar o seu cérebro, verifique o histórico da pessoa.

Se não houver um padrão de sucesso, tome cuidado.

EM POUCAS PALAVRAS

Seja qual for seu objetivo, comece de baixo e faça do sucesso um hábito.

© ANDREW MATHEWS

Aprecie o seu trabalho

Recentemente, assisti a um programa de televisão sobre P. C. Taylor.

P. C. coleta lixo. Ele e sua equipe limpam os túneis subterrâneos do metrô da cidade de Nova York. Não as plataformas, mas as galerias subterrâneas pelas quais correm os trens.

Ele passa a vida nessas passagens fétidas, cobertas de sujeira, infestadas de ratos e repletas de lixo.

O documentário mostrava imagens desses túneis. É como estar em uma caverna comprida e insalubre. P. C. faz esse trabalho há 25 anos: matar ratos e retirar lixo.

O entrevistador perguntou a P. C. se ele gostava do seu trabalho.

– Se eu gosto? – disse ele. – Eu adoro! – E completou: – Há vários sem-teto vivendo aqui nos túneis. Eu os ajudo a ter um lar melhor e, ao mesmo tempo, consegui colocar minhas duas filhas na faculdade.

P. C. tem orgulho de seu trabalho. Ele é a prova de que é possível ter satisfação no emprego até em um péssimo local de trabalho.

Imagino que não sejam os ratos e o lixo que o estimulem, mas o fato de acreditar que está ajudando a tornar o mundo um lugar melhor.

Em outras palavras: é mais fácil desempenhar um trabalho desagradável se você dirigir sua atenção para o MOTIVO de o executar.

Penso bastante em P. C. Sempre que tenho pela frente uma tarefa que não quero executar, eu me imagino caçando ratos e retirando lixo.

VOCÊ PODE SER RICA. MAS É FELIZ?
SOU FELICÍSSIMA!
DROGA...
© ANDREW MATTHEWS

Como ganhar mais dinheiro

Pergunta: Quem ganha mais dinheiro?
Resposta: Sobretudo as pessoas que usam a imaginação para criar. Pessoas como Stephen King, que cria histórias; como Celine Dion, que cria música; como Ted Turner e Richard Branson, que constroem organizações; e como Oprah Winfrey, que cria entretenimento.

E então você dirá: "Se eu não for um gênio criativo e quiser ganhar mais dinheiro, de onde ele virá?"
Resposta: Da sua imaginação, seja você quem for.

Exemplo 1: Digamos que você está sem dinheiro e quer descobrir uma maneira de poder comer alimentos saudáveis.
Estratégia: "Se eu vender sanduíches naturais na praia, vou conseguir dinheiro para fazer as compras de supermercado."

São as idéias que resolvem seus problemas financeiros.

Exemplo 2: Você já tem um emprego, porém quer ganhar um dinheiro extra em seu tempo livre.
Estratégia: Você se pergunta: "Que habilidade eu tenho, o que gosto de fazer que poderia render algum dinheiro?"

Existem várias possibilidades. Você pode criar cartões personalizados, levar os cachorros dos vizinhos para passear ou dar aulas de aeróbica.

Você experimenta algumas idéias; logo uma dá certo. Onde tudo começou? Na sua imaginação.

Se você já tem seu próprio negócio, o sucesso financeiro dependerá da criatividade de suas respostas a perguntas do tipo "Como posso fazer mais com menos?", "Como posso aproveitar melhor o meu tempo?" e "O que as pessoas realmente querem e como posso fornecer isso a elas?".

E sabe o que mais? Muitas das suas idéias não vão dar certo. Felizmente, você não precisa que todas as idéias funcionem – basta uma ou duas.

EM POUCAS PALAVRAS

Se o dinheiro é resultado da sua imaginação, trabalhar mais não lhe trará necessariamente mais dinheiro, e sim um aumento na qualidade e quantidade de suas idéias.

©MATTHEWS

A lei da semente

O primeiro livro que escrevi foi para o público infantil.
Eu sabia quanto era difícil publicar um livro, então pesquisei o endereço de 60 editoras de literatura infanto-juvenil, fiz 60 cópias do manuscrito e as enviei.

Eu me achei muito esperto. Pensei: "Na pior das hipóteses, vou receber 50 rejeições e poderei escolher entre as demais."

Adivinhe quantas rejeições eu tive? 61. Uma das editoras me enviou a resposta duas vezes.

Então escrevi outro livro e mandei cópias para as mesmas editoras. Alguém acabou dizendo "sim".

Se realmente desejamos fazer algo acontecer, precisamos tentar mais de uma vez.

É um princípio natural.

Suponhamos que uma macieira comporte 500 maçãs, cada uma com 10 sementes. Poderíamos achar que são muitas sementes.
Por que precisaríamos de tantas sementes para plantar umas poucas árvores?

Porque a maioria das sementes não germina.

Esse princípio pode ser aplicado em sua vida.
Você precisará passar por 20 entrevistas para conseguir um emprego.
Você entrevistará 40 pessoas para encontrar um bom funcionário.
Você conversará com 50 pessoas para vender a casa, o carro, o aspirador de pó e suas idéias. E talvez precise conhecer 100 pessoas para encontrar um amigo especial.

Quando nos conscientizamos da "lei da semente", paramos de nos considerar vítimas. E não ficamos mais tão decepcionados.

Não se deve levar as leis da natureza para o lado pessoal.
Basta compreendê-las e trabalhar segundo suas regras.

EM POUCAS PALAVRAS

**Pessoas bem-sucedidas falham com mais freqüência.
Elas lançam mais sementes.**

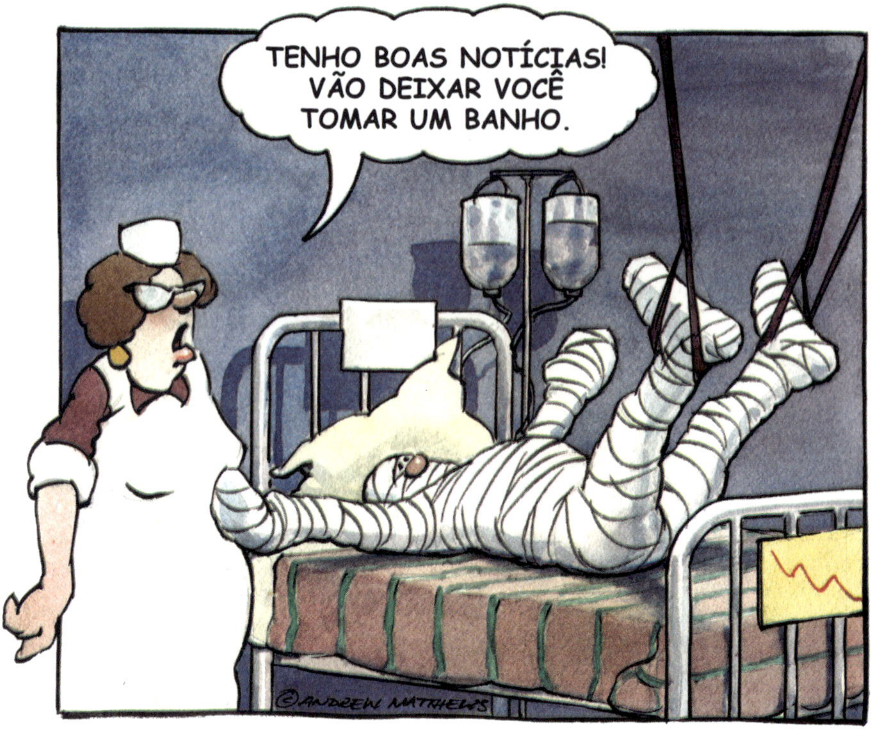
TENHO BOAS NOTÍCIAS! VÃO DEIXAR VOCÊ TOMAR UM BANHO.
©ANDREW MATTHEWS

Por que pensar positivo?

Quando as coisas dão errado, lembre-se de que o mais importante não é O QUE ACONTECE COM VOCÊ.
É o que VOCÊ PENSA a respeito do que lhe acontece.

EXEMPLO:
Suponhamos que você esteja no aeroporto para pegar um avião e a companhia aérea lhe informe: "Sentimos muito. Temos um problema mecânico. Será preciso esperar pelo menos três horas para embarcar."

Você fica furioso e pensa: "Isso é horrível. É um desastre."
Se continuar estressado, as coisas só irão piorar.

As pessoas vão tropeçar em você, derramar café na sua roupa e perder sua bagagem.
Quando você combate a vida, ela sempre leva a melhor.

Então finalmente você se acalma e, já que não há nada que possa fazer, decide "tentar extrair o melhor dessa situação".

De repente, tudo muda. Um velho amigo surge do nada, você faz amizade com alguém ou se depara com uma oportunidade – e a vida começa a ajudá-lo.

Quando mudamos os pensamentos a respeito de uma "situação ruim", conseguimos tirar proveito dela.
As melhores oportunidades da vida costumam surgir disfarçadas de má sorte e contrariedade.

EXEMPLO:
Imagine duas mulheres, Mary e Jane. Ambas estão se divorciando.
Mary diz: "Eu fracassei. Minha vida acabou."
Jane diz: "Minha vida está apenas começando."
Quem vai se dar bem?

EM POUCAS PALAVRAS

Todo "revés" não é exatamente um revés, mas uma situação à espera de que você mude a forma de encará-la.

AH, SE EU TIVESSE O CORPO DELA!
AH, SE EU TIVESSE OS DIAMANTES DELA!
AH, SE EU TIVESSE O DINHEIRO DELE!
AH, SE EU TIVESSE A MULHER DELE!
©ANDREW MATTHEWS

Paz de espírito

Se você perguntar ao seu vizinho o que lhe traria paz de espírito, pode ser que ele responda férias nas Bermudas, um dinheiro extra ou uma Ferrari novinha.

Mas visitar lugares e comprar coisas são soluções temporárias.

Digamos que você compre um bilhete de loteria e ganhe a Ferrari dos seus sonhos. Hoje você está satisfeito. Amanhã, pode dizer: "Ah, se eu pudesse colocar as mãos naquele cretino que arranhou meu carro no estacionamento."

Raramente se alcança a paz de espírito comprando mais coisas. Fazer compras só vai aumentar sua vontade de comprar.

A paz de espírito tem início com a gratidão pelo que você tem agora.

GRATIDÃO é PODER.

Quando você é grato pelo que tem, pelos amigos e bens que já possui, você atrai mais pessoas legais e mais coisas boas.

Quem vive reclamando pelo que NÃO TEM não sai do lugar. Pessoas que reclamam atraem mais motivos para reclamar.

É a lei da vida. É difícil explicar, mas você pode observar o que acontece à sua volta. Recebemos mais daquilo para que voltamos nossa atenção.

Por isso todos os líderes espirituais ensinam a mesma lição: "Comece sendo grato. Contente-se com o que tem hoje e receberá mais." Trata-se de um valioso conselho.

EM POUCAS PALAVRAS

Cada vez que você agradece "em silêncio", torna-se mais tranqüilo e poderoso.

"Quando eu era adolescente,
tinha orgulho de ser visto ao lado dos meus pais!"

Relacionamentos

Família

Elogios

Tentar mudar as pessoas

Perdoar

Amigos e dinheiro

Presentes

Os relacionamentos dos outros

"Me faça feliz!"

"Eu te amo."

...E ENTÃO, EM QUE PÉ VAI FICAR A NOSSA RELAÇÃO?
© ANDREW MATTHEWS

Relacionamentos

Os relacionamentos são traiçoeiros.

As estratégias que achamos que DEVERIAM funcionar não funcionam.
As estratégias que achamos que NÃO IRÃO funcionar funcionam.

Impressionando as pessoas:
Quando tentamos impressionar os outros, mostrando que somos inteligentes, ricos ou espertos, eles conseguem perceber a verdade.
E acabamos fazendo papel de bobos.

Geralmente chamamos a atenção dos outros quando NÃO ESTAMOS TENTANDO causar uma boa impressão. É por isso que bebês, animais e idosos são tão cativantes. Eles não se importam com o que você pensa – eles agem com naturalidade.

Perseguindo as pessoas:
Quando vamos atrás de namoradas, namorados, até de cachorros, eles fogem.
Por quê? Porque estamos perseguindo-os.

Se tentarmos aprisionar alguém em um relacionamento, a pessoa não verá a hora de escapar.
Se deixarmos a pessoa À VONTADE, ela em geral volta.

Ajudando as pessoas:
Se tentarmos ajudar os outros resolvendo seus problemas, eles se tornarão dependentes e até preguiçosos. Quanto mais fizermos, menos eles farão.

Ajudamos as pessoas principalmente quando NÃO AS AJUDAMOS demais.

Tentando chamar atenção:
Quando estamos desesperados para que nos ouçam, gritamos.
E quanto mais alto gritamos, menos nos ouvem.
Estranhamente, o oposto dá resultado.

As pessoas prestam atenção em nós quando as OUVIMOS.

EM POUCAS PALAVRAS

É preciso ter cuidado para não exagerar.

"Steven já comeu demais, não é Steven?"

Família

Não é estranho o fato de tratarmos os desconhecidos melhor do que tratamos nossos parentes?

Queremos que nossos amigos tenham uma boa imagem nossa. Ouvimos com mais atenção meros conhecidos e temos mais tempo para eles do que para nossos filhos e nossos pais.

Nossa família se sacrifica por nós diariamente e é raro nos lembrarmos disso.

Por outro lado, pequenos favores de estranhos ficam gravados em nossa memória.

Você já convidou pessoas que mal conhece para jantar?

Eis o que acontece: você passa quatro horas fazendo compras e estoura o orçamento da semana toda. Dedica uma tarde inteira a preparar a mesa com sua melhor louça e seu melhor faqueiro. Pede aos vizinhos que lhe emprestem copos de cristal. Tira as velas do armário. Dá banho no cachorro.

Serve um verdadeiro banquete de frutos do mar e depois nunca mais vê essas pessoas.

Na semana seguinte, sua mãe e seu pai o visitam e você lhes serve sobras (um galeto no papel em que veio embrulhado).

Talvez devêssemos inverter as coisas de vez em quando. Guarde a lagosta e o champanhe para seus pais. Quando estranhos vierem para o jantar, diga: "Sinto muito pelo galeto embrulhado no papel. Vocês precisavam ter vindo na semana passada, quando mamãe e papai estiveram aqui."

E AÍ ELA PERGUNTOU:
"FICO GORDA COM ESTA ROUPA?"
EU RESPONDI...
© ANDREW MATTHEWS

Elogios

Minha mulher Julie foi à peixaria no mês passado. Um rapaz chamado David a atendeu. Ele foi educado, atencioso e limpou com esmero um belo salmão.

No dia seguinte, Julie escreveu uma carta agradecendo a David pelo profissionalismo e entregou uma cópia ao chefe do rapaz. David ficou nas nuvens, e o chefe ficou mais do que satisfeito. Quantas cartas de agradecimento você acha que um peixeiro recebe? Depois disso David foi promovido.

As pessoas, em geral, acham que seus esforços passam despercebidos. Sentem-se desvalorizadas. Por isso, quando você elogia alguém – "Você fez um excelente trabalho", "Que roupa maravilhosa", "Você é um professor que estimula os alunos" e "Seu sorriso é lindo" –, faz a pessoa ganhar o dia, ou o mês inteiro.

Logicamente, algumas pessoas ficam constrangidas com elogios. Podem até discordar de você, mas aposto que apreciam suas palavras gentis. Elas apenas não sabem como agradecer.

Elogie-as mesmo assim. Você ganha um bônus quando elogia os outros. VOCÊ fica mais feliz.

Um ponto fundamental é saber a diferença entre elogios e bajulação. A bajulação é falsa. O elogio é o RECONHECIMENTO SINCERO das qualidades de alguém. As pessoas percebem a diferença.

Quer ser mais feliz?
Elogie alguém todos os dias.

Na vida, você encontra o que procura.
Se procurar coisas boas, irá encontrá-las.
Se procurar defeitos, irá encontrá-los.

EM POUCAS PALAVRAS

A sua felicidade depende daquilo em que você DECIDE prestar atenção.

CONSERTE SEU CASAMENTO!
CONSERTE SEU CARRO!
© ANDREW MATTHEWS

Tentar mudar as pessoas

Tentar mudar as pessoas não é uma boa idéia. Por quê?
Porque não funciona. Você fica frustrado e as pessoas passam a odiá-lo.

Exemplo 1: Mary e Fred têm um relacionamento.
Mary pensa: "O Fred não é perfeito, mas eu posso MUDÁ-LO.
Vou ensinar a ele bons modos, fazê-lo parar de beber."
Mary está determinada a "consertar" Fred. Acontece que Fred não quer ser "consertado".
Então Fred fica zangado e ressentido. E Mary, exausta.

Exemplo 2: Digamos que minha vida esteja um caos.
Estou fora de controle e todo mundo já reparou.
Os amigos me dão conselhos, que eu ignoro.
Em pouco tempo sou demitido, fico sem um tostão e sou preso. Fico arrasado. Mas, pelo fato de estar arrasado, eu começo a prestar atenção.
Mudo o meu comportamento. Mudo a minha vida.

A mudança positiva é um processo natural. Normalmente ela se desenrola da seguinte forma:

Fase 1: Estupidez
Fase 2: Problemas
Fase 3: Desespero
Fase 4: Sabedoria

Precisamos superar cada uma dessas fases.
Quando você tenta interferir, atrapalha o processo de mudança.
Você alega que é doloroso ficar assistindo aos outros agindo de forma TOLA.
É verdade, mas, se tentar forçá-los a mudar, eles não aprenderão.

(Pais e policiais, às vezes, têm de forçar as pessoas. Mas, na maioria dos casos, é melhor deixar que os outros cometam seus próprios erros.)

EM POUCAS PALAVRAS

As pessoas se dividem em dois grupos:
a) as que fazem constantes ajustes em sua estratégia de vida;
b) as que preferem bater com a cabeça na parede e só depois mudar.
Nenhuma delas quer que você lhes diga como devem viver.

©ANDREW MATTHEWS

Perdoar

Lembro-me de quando era criança e ouvia minha mãe e várias pessoas religiosas me dizerem que é bom perdoar as pessoas, que o perdão é "sagrado", "espiritual".

Porém existe uma razão mais básica para se perdoar os outros. Quando você não os perdoa, isso estraga a sua vida.

Digamos que:
a) você é meu chefe e me demite;
b) você é minha namorada e me troca pelo meu melhor amigo.

Eu digo que nunca vou perdoar você. Quem sofre? Certamente não é você.

Eu vou andar de um lado para o outro. Vou sentir um bolo no estômago. Vou ficar sem dormir. Você provavelmente estará curtindo a vida.

De onde tiramos a idéia de que, se não perdoamos as pessoas, ELAS é que sofrem? Isso é loucura.

Não é preciso concordar com o que a pessoa fez para perdoá-la. Basta que você queira que a sua própria vida dê certo.

EM POUCAS PALAVRAS

É fácil perdoar? Geralmente, não.
Mas você não perdoa as pessoas porque isso fará bem a elas.
Você perdoa porque isso fará bem a você.

"Senhor, seus amigos da mesa 6 disseram que é a sua vez de pagar o almoço."

Amigos e dinheiro

Conheço um cara chamado Jim. Ele trabalhou duro a vida inteira e hoje está rico.

Ele curte a vida. Viaja bastante, aprecia boa comida e bons vinhos e adora proporcionar diversão aos amigos. É uma pessoa tolerante e generosa.

Recentemente, Jim me contou sobre um de seus amigos, Ted, que está sempre sem dinheiro. "Gosto do Ted. É comum ele ficar hospedado em nossa casa e o levarmos conosco quando viajamos. Sabe o que me chateia? Nesses 10 anos ele nunca me pagou uma refeição, um hambúrguer, nem sequer um café."

Veja só, até os ricos levam isso em consideração.
Mesmo os mais generosos sentem falta dessas pequenas gentilezas.

Não é exatamente com o dinheiro que eles se importam.
É com a atitude – o fato de não serem valorizados.

Ted imagina que "se alguém precisa pagar a conta, então que seja Jim, que é rico".

Jim ainda não reclamou da situação, mas está claro que ele chegou ao seu limite. A qualquer momento Ted vai perder um amigo e vai se perguntar: "O que aconteceu?"

Você sabe quais dos seus amigos são os primeiros a abrir a carteira, quais são os últimos e quais sempre a esquecem.

Você também sabe quem estará no banheiro na hora em que a conta chegar.

E sabe o que mais? Seus amigos também o conhecem muito bem.

EM POUCAS PALAVRAS

Se os seus amigos têm mais dinheiro que você, e tudo o que você pode gastar com eles é um real, gaste esse real.

"Deve ter sido horrível... É seu aniversário e ele lhe dá de presente uma droga de conjunto de facas!"

Presentes

A mulher de Tony queria que ele comprasse uma nova tábua de passar roupa. Ele esperou uma semana e a presenteou com uma linda tábua de passar roupa no Dia dos Namorados. Péssima idéia.

Os homens costumam se meter em enrascadas ao comprar presentes inadequados para as namoradas e esposas. Esta página é para os homens. Ela é baseada em uma séria pesquisa que fiz em festas.

Rapazes, quando ganham uma furadeira de aniversário, vocês pensam: "Legal, isto é muito prático. Eu vou poder usar." Assim, quando vão comprar um presente para a esposa, vocês procuram algo que seja "prático". Isso é um grave erro.

Regra n.º 1: Em geral, os homens gostam de presentes ÚTEIS; as mulheres, de presentes PESSOAIS. Embora algumas mulheres gostem de ganhar aspiradores de pó e abridores de latas no aniversário, a maioria odeia presentes úteis.

A essa altura, nós homens já devíamos ter aprendido isso. Nos filmes românticos, quando o casal se beija na praia e ele diz "Vou te amar para todo o sempre", ele geralmente oferece brincos, rosas, pérolas, diamantes. Ele não dá de presente uma fritadeira elétrica.

Para as mulheres, os presentes úteis querem dizer: "Você não me ama DE VERDADE." Moedores de café e software de contabilidade fazem parte da lista de presentes que não são considerados pessoais.

Regra n.º 2: ESCOLHER O MOMENTO CERTO É VITAL!
Para os homens não faz diferença QUANDO se entrega o presente. Se o sujeito quer ganhar uma chave inglesa, qualquer hora é hora. No aniversário dele, no aniversário de casamento. Dê a um homem uma lixadeira para fazer as pazes e ele vai adorar. Já com as mulheres a noção do momento certo normalmente faz muita diferença.

As mulheres costumam achar que paparicam demais os homens. Elas encaram os próprios aniversários como oportunidades que os homens têm de demonstrar sua consideração.

EM POUCAS PALAVRAS

A mulher gosta de perceber que você pensou nela e que fez um esforço especial. Normalmente não tem nada a ver com o valor material do presente.

VOU DEIXAR O GREG!
ELE É GROSSEIRO, É EGOÍSTA, É UM MULHERENGO E UM BANDIDO.
E ENTÃO?
E ENTÃO O QUÊ?
VOCÊ É MINHA AMIGA, DEVIA ME INCENTIVAR A LARGAR ESSE CANALHA!
© MATTHEWS
BEM, SE VOCÊ QUER LARGÁ-LO, LARGUE-O!
UMA SEMANA DEPOIS:
GREG, ESTA É A CLARA. FOI ELA QUE ME DISSE PARA DAR O FORA EM VOCÊ.

Os relacionamentos dos outros

Veja se isso já aconteceu com você.

Um casal, sendo que ambos são seus amigos, resolve se separar. Eles lhe pedem conselhos. Você diz o que pensa. Tenta ajudar.

Na semana seguinte eles estão juntos novamente e ambos odeiam você!

Qual é a lição que fica?

Seja cauteloso ao dar conselhos aos amigos sobre seus relacionamentos.

É um campo minado.

EM POUCAS PALAVRAS

Os únicos que sabem o que REALMENTE acontece em um relacionamento são os dois envolvidos.

ALEGRIA
© ANDREW MATTHEWS

"Me faça feliz!"

Quando você está feliz, por acaso pensa em sair com pessoas baixo-astral?

Não. Você procura pessoas que também estejam contentes. Pessoas felizes atraem pessoas felizes.

Pessoas tristes atraem pessoas tristes.

Ninguém pode FAZER você feliz.

De onde tiramos a idéia de que uma outra pessoa pode nos FAZER feliz?
Talvez de músicas e filmes.

Nas canções e no cinema as pessoas dizem: "Antes de conhecer você eu era sozinho, me sentia triste, mas com você tudo mudou."

Na vida real as pessoas dizem: "Antes de conhecer você eu era infeliz, mas aí você apareceu e eu me sinto ainda PIOR."

No mundo real os outros não mudam a nossa vida.
Nós é que fazemos isso.

Se está triste, deprimido, somente você poderá mudar seus pensamentos. Passo a passo, você conseguirá se reerguer.

Quando você começa a ver o lado bom das coisas, passa a atrair amigos e colegas de trabalho satisfeitos.

Para estar cercado de pessoas positivas, primeiro é preciso colocar um sorriso no rosto.

EM POUCAS PALAVRAS

Sua missão na vida não é mudar o mundo – basta mudar a si próprio.

*"Sei que meu marido é capaz de ser carinhoso e gentil.
Ele é assim com o cachorro!"*

"Eu te amo."

"Pequenas coisas que eu devia ter dito e feito
Mas eu nunca dediquei tempo a isso
Você não saía da minha cabeça..."

Qual é o tema de praticamente todas as músicas e romances, de todos os filmes já realizados? O AMOR. O amor perdido, o amor encontrado, o primeiro amor, o amor arriscado, o amor desprezado.

Quase tudo o que fazemos é uma tentativa de receber mais amor. Compramos roupas transadas, carros reluzentes e subimos na empresa. Fazemos dietas sofridas, aplicamos Botox e enfeitamos o corpo com piercings.

Imaginamos que, se tivermos uma aparência sexy, as pessoas vão gostar de nós.
"Se eu for inteligente, as pessoas vão gostar de mim."
"Se eu tiver somente 3% de rugas, vão gostar de mim."

Todo mundo que você conhece anseia por amor e aceitação e há quem faça loucuras para conseguir isso. Estamos tão ocupados tentando encontrar o amor que às vezes nos esquecemos de dizer àqueles de quem gostamos o que sentimos...

Fred diz que no mês passado declarou-se à mulher. "Será que ela não consegue se lembrar?" Ela lembra, Fred, mas quer ouvir isso todo mês. Ou melhor, todos os dias.

O pequeno John nasce e durante anos seu pai lhe dá abraços sem fim e diz sempre "Papai te ama". Quando John tem cerca de 12 anos, o pai decide que ele já está crescido e pára de fazer carinhos. Resta a John perguntar-se: "O que eu fiz de errado? Ele não me ama mais?"

Perdi a conta das vezes que ouvi homens adultos dizendo que tudo o que desejaram na vida foi ouvir o pai falando que os amava.

Às vezes é necessário que aconteça uma tragédia para que digamos às pessoas o que elas desejam ouvir. Mas pode ser que nessa altura seja tarde demais.

EM POUCAS PALAVRAS

Dizer "eu te amo" custa muito pouco. Quando for difícil dizer "eu te amo", um "obrigado" já será um bom começo.

MESTRE, HÁ MAIS COISAS NA VIDA ALÉM DE TER UMA MERCEDES ESPORTE?
PODE APOSTAR. COMPRE UMA FERRARI!
MATTHEWS.

O que é mais importante?

O que o cerca?

Desculpas

"Não consigo."

Fale sério

Concentre-se no que deseja

É só pedir

Jogue fora o lixo!

Prosperidade

Poupe primeiro

Faça o que tem de fazer!

O seu melhor

A hora de desistir

Dar importância ao que temos

Tudo está interligado!

PRECISA SER OPERADO COM URGÊNCIA. PRIMEIRO, LEVANTAR AS PÁLPEBRAS, DEPOIS AFILAR O NARIZ E FAZER UM TRANSPLANTE DE CABELO. TAMBÉM PODEMOS REMOVER A PICARETA.
©ANDREW MATTHEWS

O que é mais importante?

20% do que você come se transforma em 80% de gordura.
20% dos seus vizinhos são responsáveis por 80% do barulho.
20% do pessoal do seu escritório faz 80% do trabalho.
Essa é a regra do 80/20. Você vai vê-la por toda parte.

Em 1897, um economista italiano chamado Pareto descobriu que 20% das pessoas possuíam 80% do dinheiro. Ele também descobriu que 20% das mudas de sua horta produziam 80% das ervilhas. Agora ele é famoso.

O princípio de Pareto prevê que, em qualquer situação, algumas coisas são mais importantes que todas as outras.

Isso significa que, nos negócios, 20% dos clientes respondem por 80% dos lucros.
Vá atrás desses 20%.

Para os estudantes: 20% das páginas de um livro contêm 80% das informações importantes. Concentre-se nesses 20% e depois passe para o outro livro.

Para você: SUAS TAREFAS DIÁRIAS NÃO TÊM TODAS A MESMA IMPORTÂNCIA. Se você tem 10 tarefas para cumprir hoje, duas serão mais vitais do que as outras oito.

Todos os dias, verifique o que constitui esses 20% e faça-o PRIMEIRO.

Não basta fazer uma lista de tarefas. Se você não atacar esses 20%, poderá desperdiçar 80% do seu tempo.

Pessoas comuns despendem um esforço mediano em várias coisas.

Empreendedores despendem grandes esforços nas coisas que são fundamentais.

Não se pode fazer tudo, mas pode-se investir nos 20% que interessam. Não perca o sono por causa dos outros 80%.

EM POUCAS PALAVRAS

O importante não é o quanto você se esforça, é em que você se esforça.

©ANDREW MATTHEWS

O que o cerca?

Você já entrou em um banheiro público que cheirava tão mal que você pensou que ia sufocar? Mas você teve de prender a respiração por estar muito desesperado para ir ao banheiro.

Você notou alguma coisa?
Que depois de alguns minutos o banheiro já não parecia cheirar tão mal.

E se, por acidente, você ficasse trancado lá dentro durante uma hora? Talvez acabasse dizendo: "Cheiro? Que cheiro?"

Há um princípio que explica isso: nós nos acostumamos ao ambiente que nos rodeia.

Se você viver com pessoas infelizes, vai se tornar infeliz e achar isso normal.

Se trabalhar com pessoas críticas, vai se tornar crítico e achar isso normal.

Se os seus amigos mentem, você fica preocupado – no início. Conforme vai passando o tempo, você acaba se acostumando com as mentiras.
Se continuar convivendo com eles, vai acabar contando mentiras também.

Misture-se a pessoas felizes e motivadas e você vai se tornar feliz e motivado. E achar isso a coisa mais normal do mundo.

Se sua família é negativa e infeliz, é preciso arranjar amigos alegres e felizes. Chega um momento em que você precisa de companhias positivas, ou os pessimistas o arrastarão para o buraco e você nem vai perceber.

EM POUCAS PALAVRAS

Somos todos afetados e contaminados pelas pessoas e pelas atitudes à nossa volta.

Às vezes é preciso partir para a ação ou mudar de companhia enquanto ainda conseguimos perceber as coisas: "Há algo aqui que não está cheirando bem."

ROGER CRAWFORD
TINHA TUDO DE
QUE PRECISAVA PARA
GANHAR A VIDA
JOGANDO TÊNIS —
EXCETO DUAS MÃOS E
UMA PERNA.

Desculpas

Na vida ou temos DESCULPAS ou RESULTADOS. Algumas pessoas parecem existir justamente para nos ensinar isso.

Roger Crawford nasceu com apenas uma das pernas e com dois braços, porém sem as mãos. O que ele faz? É jogador de tênis profissional. Quer dizer, ele ganha a vida jogando e ensinando a jogar tênis.

Digital Dan, de Ferndale, na Califórnia, era marceneiro até ter câncer na garganta e precisar operar a laringe. A operação tirou sua capacidade de falar, mas Dan acabou trabalhando como disc-jóquei. Ele digita as palavras no laptop e este fala por ele.

Quantas vezes reclamamos de "estarmos velhos demais, cansados demais, sermos muito preguiçosos, muito ocupados e tudo ser muito difícil".

Em 1996, o ciclista americano Lance Armstrong soube que tinha câncer nos testículos. Quando a doença se alastrou para o abdômen, os pulmões e o cérebro, os médicos lhe deram 40% de chances de sobreviver. Mas Armstrong fez mais do que isso. Ele voltou a competir e a vencer. Foi sete vezes campeão de uma das mais difíceis provas do mundo: o Tour de France.

Lance tem por hábito provar a veracidade do antigo ditado "O que não mata fortalece".

Pessoas como Roger, Dan e Lance nos lembram que nossas desculpas não passam de fugas.

Escolha um objetivo que quer alcançar – um diploma universitário, um apartamento próprio, um casamento feliz ou um abdômen reto – e você encontrará incontáveis motivos para dizer que ele é inconveniente ou impossível.

O que você realmente precisa é de UM bom motivo para querer algo. Aí você irá atrás e conseguirá.

Quando você quer muito alguma coisa, encontra um jeito. Não se consegue nada que valha a pena sem esforço. Existe sempre uma história por trás da história.

EM POUCAS PALAVRAS

O sucesso não depende dos "fatos", e sim da sua atitude.

"Se eu lhe der as respostas, você nunca vai aprender."

"Não consigo."

Imagine esta história.

Nas primeiras semanas de aula, você está na aula de matemática, distraído, olhando pela janela, quando a professora lhe pergunta: "Qual é a resposta?"

"Qual é a resposta?" Se ao menos você soubesse a pergunta. Você fica sem fala, com o rosto afogueado. Entra em pânico, começa a chorar. Nesse momento, pensa: "Odeio matemática."

Ao chegar em casa, sua mãe pergunta como foi na escola. Você responde: "Não consegui responder à pergunta da aula de matemática."
E sua mãe diz para se tranqüilizar: "Ninguém em nossa família consegue aprender matemática."

De repente você solta um suspiro de alívio."É por isso que eu odeio multiplicar, está nos meus genes."

Em pouco tempo você estará contando aos amigos: "Detesto matemática. Minha família inteira é péssima com números." Você pensa: "Para que me esforçar? Nunca vou conseguir."

O que REALMENTE aconteceu? Você começou mal e ficou para trás.

Talvez essa situação não tenha acontecido com você, mas cada um de nós tem a sua história de fracasso pessoal sobre cantar, jogar bola, desenhar, falar em público.

Quando começamos mal, ficamos para trás. Ninguém apareceu para nos encorajar. Depois de uma experiência constrangedora, nós gradualmente nos convencemos: "Eu não consigo."

Você tem idéias preconcebidas sobre o que CONSEGUE e o que NÃO CONSEGUE fazer?
De onde surgiram essas idéias? Será que elas são verdadeiras?

EM POUCAS PALAVRAS

Quando nos damos uma segunda chance e recebemos alguma ajuda, freqüentemente SOMOS CAPAZES de fazer.

ACEITO
VOU TENTAR
ANDREW MATTHEWS

Fale sério

Você vai perceber uma coisa em relação às pessoas fracas.
Elas se expressam com palavras fracas. Usam muito certas expressões, como "vou TENTAR perder peso" e "vou TENTAR quitar minhas dívidas".

No instante em que alguém diz "vou TENTAR", você sabe que essa pessoa não está falando a sério.
Quando um amigo diz "vou TENTAR passar lá", você já sabe que ele não vai aparecer.

A linguagem que usamos mostra às pessoas o nosso grau de determinação.

Pais que dizem aos filhos "TENTE ficar quieto" ou "TENTE se comportar" não estão falando a sério. Então, como as crianças reagem? Fazendo o que bem entendem.

Em vez de dizer que "é preciso TENTAR", diga às pessoas que elas "têm de FAZER".

Em vez de pensar "vou TENTAR", pense "vou FAZER".
Isso é desafiador e vai lhe trazer resultados bem melhores.
"VOU terminar isto", "VOU ser feliz".

"Vou TENTAR" é o mesmo que "Vou fazer isso se não for muito difícil".
"Vou FAZER" é o mesmo que "Vou fazer isso, custe o que custar".

Não se trata de um detalhe.
É a diferença entre descompromisso e comprometimento.
Freqüentemente, é a diferença entre o fracasso e o sucesso.

Se quer que as pessoas creiam em você, e se quer acreditar em si mesmo, você tem de falar a sério.

EM POUCAS PALAVRAS

Suas palavras moldam o seu futuro.

© ANDREW MATTHEWS

Concentre-se no que deseja

Você está prestes a falar para 200 pessoas. E pensa: "Não fique nervoso. Não esqueça o que tem de dizer. Não faça nada constrangedor." Então, você sobe no palco, e o que acontece? Você estraga tudo. Esquece até o nome da sua mulher.

Por que isso acontece se você disse a si mesmo para NÃO agir feito um idiota? É por causa da maneira como a mente funciona. Existe um importante princípio agindo aqui, que raramente é explicado.

A mente funciona por meio de imagens. Para fazer qualquer coisa, você precisa de uma imagem. Para tocar seu nariz, você precisa de uma imagem mental do seu dedo no seu nariz. Tendo a imagem correta, o subconsciente pode mandar os músculos fazerem esse movimento.

Para ter confiança para falar em público, você precisa de uma imagem mental dessa situação acontecendo antes mesmo de se levantar da cadeira. Só então sua mente poderá instruir seu corpo a agir assim.

Não se pode enviar uma mensagem para NÃO fazer alguma coisa. Seu subconsciente precisa de uma imagem DO QUE VOCÊ QUER.

Se você disser a si mesmo "não fique nervoso", estará automaticamente preenchendo o subconsciente com imagens em que você treme e gagueja – e assim será a sua apresentação. É como funciona a mente.

O que acontece quando você está num campo de golfe, diante de um obstáculo de água, e mentaliza a frase "NÃO ACERTE NA ÁGUA"? Embora você tente se convencer a não jogar a bola na água, seu subconsciente trabalha apenas com uma imagem – a bola dando um mergulho. E o que você visualiza é o que acontece.

Isso explica por que a autoconfiança é tão vital em tudo o que se faz. Quando estamos confiantes, visualizamos apenas imagens positivas – de uma boa apresentação em público, de uma entrevista de trabalho tranqüila, de ser bem-sucedido no teste para tirar a carteira de motorista. Não imaginamos filmes-catástrofe, apenas sucessos de bilheteria – de modo que sejamos sempre vitoriosos. Ninguém é perfeito, mas podemos nos dar a melhor chance possível.

EM POUCAS PALAVRAS

Quem pensa positivo tem o hábito de imaginar o que deseja, não o que teme. O que você pensar é o que irá acontecer.

É SÓ
PEDIR!
©MATTHEWS

É só pedir

Eram 11h de domingo e eu deveria pegar um avião para Cingapura às 14h30. No dia seguinte eu falaria para 5.000 pessoas em um seminário. De repente, eu me dei conta de que tinha perdido o passaporte.

Julie disse: "Vou conseguir um passaporte para você." Ela se pendurou no telefone, ligou para todos os números de emergência do departamento de imigração da Austrália, porém só ouvia secretárias eletrônicas ou pessoas alegando "ser impossível fazer isso num domingo".

Finalmente, depois de 25 ligações, Julie falou com um funcionário que estava em casa de ressaca. Ela o convenceu a sair da cama, dirigir até o órgão de expedição de passaportes em Adelaide, desligar o sistema de segurança do prédio, ligar os computadores e emitir um passaporte para mim antes das 13 horas.

Há muitas qualidades que fazem de Julie uma mulher incrível. Uma delas é saber como pedir. Julie já reconstruiu um orfanato na Indonésia sem dinheiro. Visitou os presidentes de grandes empresas em Jacarta e pediu doações de tijolos, vigas, encanamento, tinta, material para o telhado e mão-de-obra. Depois que o orfanato ficou pronto, ela manteve o abastecimento de remédios valendo-se da mesma estratégia.

A filosofia de Julie é:
1. Quando você pede, geralmente consegue.
2. Se alguém negar, não leve para o lado pessoal; peça a outra pessoa.

O SEU sucesso e a SUA felicidade dependem de sua capacidade de pedir coisas. Pequenas coisas: "Posso ter um reembolso, um upgrade, remarcar o horário?" ou "Você quer sair comigo?". E grandes coisas: "Posso TRABALHAR para você?" ou "Quer CASAR comigo?".

As pessoas ficarão satisfeitas em atender ao seu pedido se SOUBEREM o que você quer.

Se você nunca pedir, se sofrer em silêncio, se agir sempre como mártir e ficar sem aquilo que deseja, seu estômago sofrerá as conseqüências. Pedir o que você quer o deixará mais feliz e mais saudável.

EM POUCAS PALAVRAS

Se você pedir, pode conseguir.

PIZZA
PIZZA
©ANDREW MATTHEWS
PIZZA
PIZZA
PIZZA

Jogue fora o lixo!

Conheço uma mulher chamada Nancy que acaba de comprar um Honda novinho. Acontece que a garagem de Nancy está tão cheia de garrafas vazias, jornais velhos e outras tralhas que ela tem de estacionar o carro de R$ 70 mil na rua.

Viver rodeado de coisas inúteis interfere na sua qualidade de vida.

Testes psicológicos demonstraram que as pessoas mais estressadas são as que têm casas e escritórios bagunçados. Em ambientes arrumados, nos sentimos mais relaxados e cheios de energia.

Esse deve ser um dos motivos pelos quais as pessoas adoram acampar. É um alívio acordar e não estar cercado por pilhas de roupas e revistas velhas nem por lembranças das últimas 21 viagens da família.

Rios saudáveis levam as impurezas embora. As árvores deixam cair as folhas velhas e as frutas. O corpo sente-se melhor quando o limpamos. O mesmo ocorre com as casas.

Alguns pensamentos sobre organização:

1. Suas roupas velhas não vão voltar a estar na moda. Quando voltarem a usar calças boca-de-sino, os tecidos, as cores e as proporções serão outras. Os estilistas não são bobos, eles sabem o que você tem guardado no sótão.
2. Às vezes relutamos em nos livrar de certas coisas porque seria uma forma de admitir que nunca deveríamos tê-las comprado. Relaxe. Todos nós adquirimos coisas sem utilidade – por isso, livre-se delas.
3. Estabeleça pequenas metas. Em vez de arrumar a casa inteira, escolha um dos armários. Depois mais um. Ganhe ritmo aos poucos.
4. O mais difícil é dar o primeiro passo. Depois que você começa, acaba se divertindo.

EM POUCAS PALAVRAS

Sua vida é um sistema energético. Quando você se livra do que é inútil, cria um vácuo e coloca as coisas em movimento. Observe como surgem coisas novas para substituir aquelas de que você se desfez.

©ANDREW MATTHEWS

Prosperidade

Algumas pessoas parecem inspirar respeito aonde quer que vão, estejam elas em uma loja de departamentos, em um consultório médico ou em um saguão de hotel.

Qual é o segredo delas?
Elas se tratam bem e as outras pessoas as imitam.
As pessoas nos respeitam quando nos respeitamos.

Como diz minha mulher Julie: "Tudo o que fazemos provoca um efeito. O seu jeito de andar influencia o seu jeito de falar. O seu modo de vestir influencia o modo como se sente. Ou seja: respeite-se e será respeitado pelos outros."

Como você pode se sentir como alguém que faz e acontece se a sua cueca está furada ou se os seus dedos estão saindo para fora das meias?

Custa muito pouco manter o carro e o escritório limpos e arrumados.

Sua casa pode não ser nenhuma mansão, mas pode estar sempre limpa e arrumada.

O local onde você mora afeta o modo como se sente.
Crie um ambiente que levante o seu astral. Um lugar organizado não custa nada. Melhor viver em um quarto-e-sala limpo do que em uma mansão bagunçada.

Um amigo perguntou a Julie como ele podia melhorar seu apartamento gastando apenas R$ 15. Ela respondeu: "Compre uma vassoura."

Nada de ficar dizendo: "Quando eu me tornar bem-sucedido, vou parar de viver como um rato." Errado. Para ter sucesso, você precisa começar a viver de acordo com ele. Tem de senti-lo desde já.

EM POUCAS PALAVRAS

As pessoas o tratam da forma como você se trata.

VAMOS SUPOR QUE O PEIXINHO AMARELO REPRESENTA CADA REAL QUE VOCÊ JUNTOU... E O PEIXE VERMELHO É A SUA MULHER.
PLANEJAMENTO FINANCEIRO
©ANDREW MATTHEWS

Poupe primeiro

Isso costuma acontecer na sua casa?
A família se reúne para comer uma bela torta de maçã e, em questão de minutos, a torta desaparece.
Mesmo que ninguém esteja com fome, todos comem.
Por quê? Porque a torta está sobre a mesa.

Isso costuma acontecer na sua casa?
Você recebe seu pagamento e, num piscar de olhos, ele desaparece.
Mesmo que você não tenha necessidade de gastar, você gasta.
Por quê? Porque o dinheiro está ali.

Agora, vamos voltar à torta de maçã.
Se quiser que sobre um pedaço de torta para o dia seguinte, não a coloque inteira sobre a mesa.
PRIMEIRO guarde um pedaço na geladeira – fora do seu alcance.

Use a mesma estratégia para guardar dinheiro. Não coloque tudo na carteira. PRIMEIRO separe uma parte e deposite em uma conta especial – fora do seu alcance.

Uma estratégia simples:

1. Abra uma conta.
2. Todo mês deposite religiosamente 10% do seu salário antes de gastar um centavo que seja. Em breve, você nem sentirá falta desses 10%.

Você pode alegar que ganha pouco. Economize pouco.
Vai fazer diferença.

Muitos conseguem ganhar bastante dinheiro.
Poucos conseguem poupar bastante dinheiro.

Você pode se iludir dizendo: "Quando eu começar a ganhar bem, vou poupar."
Provavelmente não irá.
Melhor adquirir esse hábito agora.

EM POUCAS PALAVRAS

A diferença entre ricos e pobres é:
os pobres gastam primeiro e poupam o que sobra;
os ricos poupam primeiro e gastam o que sobra.

ANDREW MATTHEWS ©

Faça o que tem de fazer!

Recentemente, meu amigo Colin Martin subiu numa bicicleta e percorreu a América do Norte. De Vancouver a Nova York: 7.136km de pura diversão.

Ele tinha um monte de desculpas para NÃO fazer isso:
a) Não era barato. Ele teria de pegar um avião para os Estados Unidos e parar de trabalhar por dois meses.
b) Não era conveniente. Ele tem três filhos pequenos.
c) Ele tem 53 anos.

Mas Colin disse: "Não existe o momento ideal. Se você realmente quer fazer uma coisa, precisa arrumar tempo e fazer o que tem de fazer."

UMA VIDA INTERESSANTE NÃO ACONTECE POR ACASO.
Você a escolhe. Você a planeja.

Peter Manuel é o diretor de minha antiga escola, a Victor Harbor High. Aos 18 anos ele decidiu que aprenderia uma nova habilidade a cada ano de vida.

Ele está com 62 anos e aprendeu a trabalhar com marcenaria, com cerâmica, estudou interpretação, pintura em aquarela, um pouco de alemão.

Peter comenta que aquela decisão mudou sua vida. "Em algumas atividades, como o piano, eu era péssimo, mas ainda assim me diverti tentando!"

Se há algo que você realmente deseje fazer, faça. Não existirá um momento ideal.

EM POUCAS PALAVRAS

O que você realmente quer fazer?
O que pretende fazer hoje para que isso se torne realidade?

© ANDREW MATTHEWS

O seu melhor

Eric Moussambani nadou pela Guiné Equatorial nas Olimpíadas de 2000. Ele não venceu.

Eric nunca tinha nadado em uma piscina olímpica antes.
Em seu país, ele treinava em uma piscina de 20 metros de um hotel.

Como seus dois adversários na série, do Níger e do Tadjiquistão, tinham sido desclassificados por queimar a largada, ele teve de nadar sozinho.

Eric nunca tinha participado de uma competição de 100 metros antes, e o público logo percebeu. Ele nadava com a cabeça para fora da água e mal mexia as pernas.

Na primeira volta, ele fez um grande esforço.

Na segunda, quase se afogou.

Mas Eric fez o seu melhor.

Faltando 30 metros para ele terminar, 17 mil espectadores começaram a incentivá-lo e a cada braçada gritavam mais alto. Quando faltavam 10 metros, ele se movia para cima e para baixo como uma rolha, mas a multidão estava enlouquecida.

Quando Moussambani finalmente conseguiu chegar ao fim, as pessoas gritavam e pulavam de alegria no estádio.

Seu tempo de 1m52s era cerca de um minuto a mais que o tempo dos outros competidores.

Mas ninguém se importou com isso. Moussambani tinha dado o melhor de si.

EM POUCAS PALAVRAS

Quando as pessoas sabem que você fez o seu melhor, geralmente lhe dão todo o apoio.

NÃO QUER DESISTIR ANTES QUE EU FIQUE ZANGADO DE VERDADE?
©ANDREW MATTHEWS

A hora de desistir

Imagine que você começou a aprender a tocar piano e já está pensando que "é difícil demais, talvez seja melhor aprender a tocar triângulo".

Façamos de conta que você começou a vender imóveis. E fica chocado ao constatar a quantidade de negócios que não se concretizam.

Você questiona: "Será que é hora de desistir e partir para outra coisa que seja mais fácil?"

O melhor momento para desistir é DEPOIS DE SER BEM-SUCEDIDO.

Por quê? Porque o sucesso depende mais de persistência do que de talento. Com a prática se consegue fazer bem quase todo tipo de coisa, talvez não tão bem quanto um especialista, mas suficientemente bem. E não dá para saber o quanto é divertido fazer alguma coisa até sermos capazes de fazer direito.

Enquanto não conseguir tocar uma dúzia de músicas no piano, você nunca vai saber como é a emoção de fazer isso.

Antes de ter vendido pelo menos 20 imóveis, não há como saber se é mais legal ser um corretor bem-sucedido ou um corretor fracassado.

Invista tempo suficiente para alcançar um objetivo. E só depois decida se irá desistir.

É como pizza. Como você vai saber se gosta de pizza antes de ter provado uma boa pizza?

Logicamente, às vezes você tenta alguma coisa e logo fica óbvio que se tratava de "uma idéia idiota". Do contrário, é tudo uma questão de persistência.

Quando você termina o que começou, duas coisas acontecem:
1. Você reflete com cautela antes de recomeçar algo.
2. Você cria o hábito de ter sucesso.

EM POUCAS PALAVRAS

Estabeleça uma meta acessível, alcance-a e depois decida se irá desistir.
É impressionante como um pequeno sucesso pode fazer você mudar de idéia.

"A-M-É-R-I-C-A? Nunca ouvi falar! Mas estiveram por aqui uns vendedores da Amway..."

Dar importância ao que temos

Vamos fazer de conta que foi descoberta vida em Marte, ainda que se tratasse de um pequeno besouro ou de uma formiga de uma perna só.

O mundo iria à loucura. A manchete de primeira página de todos os jornais seria "EXISTE VIDA EM MARTE!".

Os cientistas não iam caber em si de contentamento: "Uma outra espécie."

Não é estranho? Vinte e sete mil espécies de pássaros, plantas, animais e insetos da Terra são extintos em um ano.

Isso nunca virou manchete.

Nossos tigres, pandas e sapos estão desaparecendo. Enquanto isso, procuramos sinal de vida no espaço.

Com que freqüência deixamos de dar a devida importância ao que temos e saímos em busca de novidades?

Agimos da mesma forma nos relacionamentos.

Quando nos damos conta do que tínhamos, já era...

EM POUCAS PALAVRAS

A primeira dica para a felicidade – e para o sucesso – é valorizar o que já temos.

©ANDREW MATTHEWS

Tudo está interligado

Você já reparou que quando pratica exercícios com regularidade tem vontade de comer alimentos saudáveis?

Já notou que quando ingere alimentos mais saudáveis sua energia aumenta e, como conseqüência, você sente mais vontade de se exercitar?

Tudo na vida está interligado.

O esforço que você investe em uma parte de sua vida afeta todas as outras partes.

Quando você está feliz em casa, fica mais satisfeito no trabalho.

Quando está realizado no trabalho, fica mais contente em casa.

E o que tudo isso significa?

1. Que para melhorar sua vida você pode começar fazendo QUALQUER coisa positiva. Seja um plano de poupança, uma lista de objetivos, um programa de exercícios ou o compromisso de passar mais tempo com seus filhos. Esse caminho conduzirá a resultados favoráveis, pois tudo está interligado.
2. Não importa EM QUE PARTE da sua vida você vai investir mais esforços. O que importa é COMEÇAR.
3. Trata-se de uma via de mão dupla. Se você deixa um lado da sua vida desmoronar, tudo vai começar a entrar em declínio. Isso nos faz estar sempre atentos.

EM POUCAS PALAVRAS

Tudo o que fazemos faz diferença.
A felicidade é uma decisão diária.

A história de Sebastian

Caro Sr. Matthews,

Li seu livro pela primeira vez dois anos atrás, quando minha vida tinha chegado a um ponto crítico. Eu era usuário de drogas, traía minhas namoradas, roubava e estava sempre deprimido.

Depois de ler o seu livro, consegui mudar minha vida completamente. Parei de me drogar, estou com a mesma namorada há quase dois anos e, juntos, nos empenhamos para ter um lar mobiliado com bons móveis e um carro. Temos até um passarinho de estimação, "Cosmo".

Também voltei a estudar e fiz, em um ano, os dois últimos anos do ensino médio. No momento, estudo planejamento financeiro na universidade.

Há dois anos eu era um viciado que não tinha nada em meu nome, a não ser dívidas. Agora estou seguindo pelo rumo certo, com um padrão de vida muito melhor.

Seu livro mudou, literalmente, a minha vida. Eu recorro ao *Siga seu coração* como referência sempre que tenho um problema. Você é o meu escritor favorito. O seu livro é a minha bíblia.

Sinceramente,

Sebastian Bruce
Brisbane, Queensland, Austrália

Prezado Sr. Matthews,

Muito, muito obrigada mesmo pelos livros que escreveu.

"Descobri" os seus livros há cerca de cinco anos, quando me encontrava em uma situação desesperadora: meu pai tinha enfartado, meu marido sofrera um acidente grave, minha mãe estava com câncer e, para completar a desgraça, eu tinha sido demitida – tudo isso em três meses!

Eu estava afundando e, de repente, me senti em segurança. Ler os seus livros foi de grande ajuda.

Sou muito grata ao senhor.

Atenciosamente,

Rosanna Monaco
Zurique, Suíça

Caro Andrew,

Nos últimos 12 meses embarquei em uma jornada espiritual, viajando e lendo sobre a vida. Você exerceu um forte impacto sobre o meu sucesso e a minha felicidade.

Pode me chamar de "viciado em felicidade", mas eu estava sempre ansioso para chegar em casa e ouvir o seu CD *144 Strategies for Success and Happiness* (144 estratégias para o sucesso e a felicidade).

Embora a ansiedade por ouvir o CD vá de encontro aos princípios de desapego do budismo, tive de abrir uma exceção.

Fiquei totalmente envolvido e adorei cada minuto do que ouvi. Obrigado por me proporcionar orientação mais uma vez.

Stephen Leong
Sydney, Austrália

A história de Nancy

Prezado Andrew,

Cresci em uma família de alcoólatras e sofri por muitos anos com culpa e baixa auto-estima.

Antes de conhecer os seus livros eu acreditava que dependia de outras pessoas e de coisas para ser feliz. Em vários momentos, abusei do álcool e das drogas, fiz terapia e tomei antidepressivos.

Ao ler seus livros, percebi que mereço a felicidade e o sucesso. Estou vivenciando isso pela primeira vez.

Ouço o seu CD *144 Strategies for Success and Happiness* (144 estratégias para o sucesso e a felicidade) todas as noites antes de dormir. Isso tem me dado mais confiança e me ajudado no meu trabalho.

Meu chefe notou a mudança em meu comportamento e me promoveu duas vezes. Há pouco tempo eu recebi um prêmio do banco em que trabalho por "Excelência na prestação de serviços", um bônus de R$ 5.000 e uma carta elogiando meu desempenho e minha lealdade.

Hoje eu me sinto FELIZ em afirmar que sou bem-sucedida, próspera e segura, pois estou livre do álcool e das drogas.

Obrigada mais uma vez e que Deus o abençoe.

Nancy Hayes
Tok, Alasca, USA

Conheça os 30 clássicos da Editora Sextante

O Código Da Vinci, *Anjos e Demônios* e *Fortaleza Digital*, de Dan Brown

Pais brilhantes, professores fascinantes, *Nunca desista de seus sonhos* e *Você é insubstituível*, de Augusto Cury

O monge e o executivo, de James C. Hunter

Um dia "daqueles", *O sentido da vida* e *Querida mamãe, obrigado por tudo*, de Bradley Trevor Greive

Por que os homens fazem sexo e as mulheres fazem amor?, de Allan e Barbara Pease

Os 100 segredos das pessoas felizes e *Os 100 segredos das pessoas de sucesso*, de David Niven

Enquanto o amor não vem, de Iyanla Vanzant

A última grande lição e *As cinco pessoas que você encontra no céu*, de Mitch Albom

A Dieta de South Beach, de Arthur Agatston

O ócio criativo, de Domenico De Masi

Não leve a vida tão a sério, de Hugh Prather

O Poder do Agora, de Eckhart Tolle

A vida é bela, de Dominique Glocheux

Palavras de sabedoria e *O caminho da tranqüilidade*, de Sua Santidade, o Dalai-Lama

Muitas vidas, muitos mestres e *Só o amor é real*, de Brian Weiss

Histórias para aquecer o coração, de Jack Canfield e Mark V. Hansen

Conversando com os espíritos, de James Van Praagh

Aprendendo a gostar de si mesmo, de Louise Hay

Mantenha o seu cérebro vivo, de Lawrence Katz e Manning Rubin

Aprendendo a silenciar a mente, de Osho

INFORMAÇÕES SOBRE OS PRÓXIMOS LANÇAMENTOS

Para receber informações sobre os lançamentos da EDITORA SEXTANTE, basta cadastrar-se diretamente no site www.sextante.com.br

Para saber mais sobre nossos títulos e autores, e enviar seus comentários sobre este livro, visite o nosso site www.sextante.com.br ou mande um e-mail para atendimento@esextante.com.br

Editora Sextante

Rua Voluntários da Pátria, 45 / 1.404 – Botafogo
Rio de Janeiro – RJ – 22270-000 – Brasil
Telefone (21) 2286-9944 – Fax (21) 2286-9244
E-mail: atendimento@esextante.com.br